AGRÉGATION DES FACULTÉS DE DROIT

SECTION DE DROIT PRIVÉ ET DE DROIT CRIMINEL

CONCOURS DE 1906

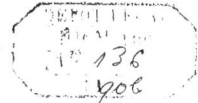

COMPOSITION

DE

DROIT ROMAIN

Faite en 7 heures, le 2 Octobre 1906

PAR

Joseph DELACHENAL

Premier prix au Concours général de 1900

PARIS

LIBRAIRIE NOUVELLE DE DROIT ET DE JURISPRUDENCE

ARTHUR ROUSSEAU

ÉDITEUR

14, RUE SOUFFLOT ET RUE TOULLIER, 3

1906

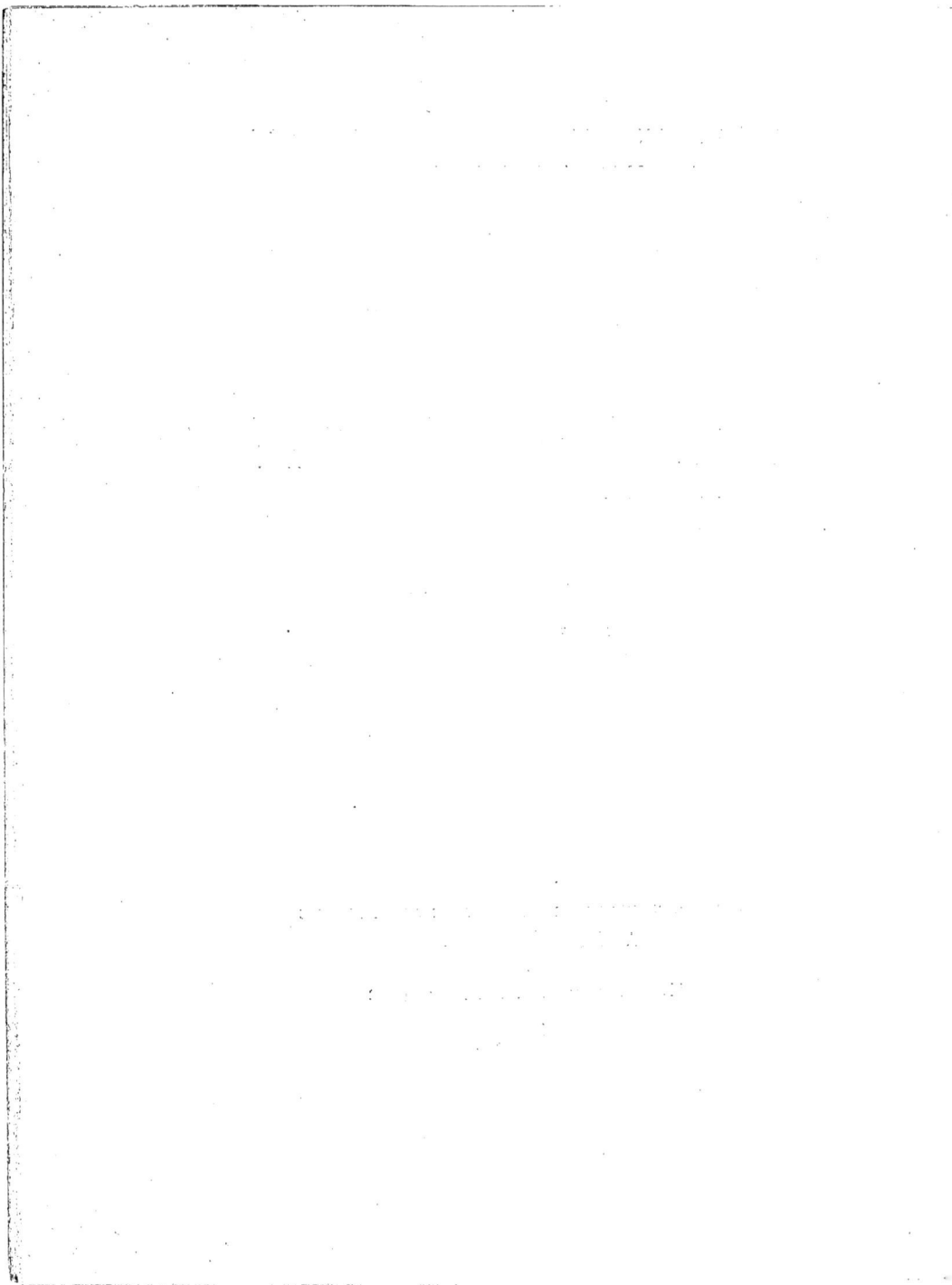

La législation romaine était à l'origine essentiellement forma-
liste : les actes juridiques ne pouvaient s'éteindre que par des procédés inverses de ceux qui avaient servi à leur formation : le mariage,
célébré par *confarreatio*, cérémonie religieuse, ne pouvait se dissoudre que par une cérémonie religieuse inverse : la *diffareatio* ;
les servitudes réelles, établies par une *in jure cessio*, simulacre de
l'action confessoire, ne pouvaient disparaître que par une *in jure
cessio*, simulacre de l'action négatoire, et la même nécessité de
similitude entre les modes de constitution et les modes d'extinction
était appliquée en matière de contrats : les obligations, nées *per
aes et libram*, par une pesée de métal et des paroles solennelles
émanées du créancier, ne pouvaient se dissoudre que par une nouvelle pesée de métal et des paroles solennelles prononcées par le
débiteur ; l'obligation, dérivant d'une stipulation où le créancier
interroge et le débiteur répond, s'éteignait par une acceptilation où
c'est le débiteur qui interroge et le créancier qui répond et, si le
débiteur s'était engagé par un contrat *litteris* , qui se constituait à
l'aide d'une mention sur le registre du créancier, il n'était délié que
par une formalité inverse.

Dans cette législation primitive, il n'y avait évidemment pas place
pour la condition résolutoire. C'est ainsi que, même en cas de rente
viagère, des textes précis nous montrent que les arrérages ne ces-
saient pas d'être dus après la mort du crédi-rentier, contrairement
à l'intention des parties : si, d'une part, le crédi-rentier voyait disparaître son droit aux arrérages à échoir, lorsqu'il réclamait ceux
qui étaient échus (son action étant *una*, tant que le préteur n'eût pas
remédié à cette règle à l'aide d'une *præscriptio* insérée dans la
formule), d'autre part, tant que le crédi-rentier n'intentait pas

d'action en justice, les arrérages continuaient à s'accumuler même après sa mort, au profit de ses héritiers (l'*actio* étant *perpetua*).

Mais, lorsque les contrats consensuels furent introduits, cette règle rigoureuse, conséquence du formalisme primitif, ne pouvait s'appliquer à ces contrats, où le consentement des parties était le seul élément à prendre en considération : ces contrats, formés *solo consensu,* pouvaient se dissoudre par consentement inverse, par *mutuus dissensus* et, dès lors, rien n'empêche les parties, au moment de la formation du contrat, de décider d'un commun accord que le contrat se dissoudra, si tel événement se réalise. La vente pouvait donc être affectée d'une condition résolutoire. Mais, si l'on creuse cette théorie de la vente sous condition résolutoire, d'innombrables objections se présentent à l'esprit, les difficultés les plus sérieuses surgissent, lorsqu'il s'agit de préciser les rincipes qui doivent régir cette vente.

Ecartons tout d'abord du débat un premier obstacle, qui ne paraît pas infranchissable. On a dit : le vendeur, pour exécuter son obligation de transférer la propriété, doit recourir à l'un des trois procédés suivants : *mancipatio, cessio in jure* ou *traditio* et ce troisième procédé (la *traditio*) ne pouvait même pas être employé pour transférer la propriété quiritaire des *res mancipi.* Or la *mancipatio* et la *cessio in jure* sont des *actus legitimi* qui ne comportent ni terme, ni condition, ce qui paraît bien rendre irréalisable la vente des *res mancipi* sous condition résolutoire.

La réponse à cette objection n'a pas été difficile à trouver : les Romains distinguaient avec soin, d'une part la vente, contrat consensuel, qui ne faisait naître que des obligations, notamment l'obligation pour le vendeur de transférer la propriété et, d'autre part, le transfert de propriété lui-même, qui s'effectuait par des procédés spéciaux et qui était l'exécution par le vendeur de son obligation de transférer la propriété. Deux des procédés, qui servaient à effectuer ce transfert de propriété, étaient insusceptibles de condition ; mais la vente elle-même, contrat consensuel, pouvait être affectée d'une condition résolutoire. Quand, plus tard, le vendeur transférait la propriété par *mancipatio* ou *cessio in jure*, il n'insérait aucune condition dans ces deux formalités et cela n'empêche pas que le vendeur ne devait acquérir par là qu'une propriété résoluble ; car, si les *actus legitimi* n'étaient pas susceptibles d'être affectés expressément d'un terme ou d'une condition, ils pouvaient du moins être affectés d'une condition tacite. De là, la maxime : « *Expressa nocent, non expressa non nocent.* » En cas de vente sous condition résolutoire, il y avait lieu d'appliquer ce principe : le vendeur s'étant obligé à transférer une propriété sous condition résolutoire, la *mancipatio* et la *cessio in jure* ne pouvaient avoir pour résultat que de rendre l'acheteur propriétaire sous cette même condition, qui se trouvait sous-entendue dans la *mancipatio* et la *cessio in jure*.

Mais, si ce premier obstacle peut être écarté, la théorie de la condition résolutoire n'est pas pour cela à l'abri de toute difficulté. Avant d'entrer dans le cœur même de notre sujet, en étudiant les effets de la condition résolutoire, remarquons tout d'abord (et cette considération nous sera tout à l'heure d'un très puissant secours) que les textes prévoient quatre sortes de conditions résolutoires auxquelles les ventes peuvent être subordonnées :

1° *Lex commissoria* : les parties décident que la vente sera résolue, si l'acheteur ne paye pas le prix. Cette clause est sous-entendue par notre article 1654 du Code civil, qui n'est d'ailleurs qu'une application du principe général posé par l'article 1184 pour tous les contrats synallagmatiques. Les textes romains nous la présentent au contraire commeé a nt expressément stipulée.

Quelle pouvait bien être l'utilité de cette *lex commissoria* dans la législation romaine ? En France, l'acheteur devient propriétaire au moment du contrat, du moins dans ses rapports avec le vendeur lui-même, indépendamment de toute formalité et avant qu'il ait payé son prix : le vendeur, ayant cessé d'être propriétaire, a donc le plus grand intérêt à obtenir la résolution de la vente, si l'acheteur ne le paye pas et à reprendre ainsi la propriété de sa chose. Mais, à Rome, il en est tout autrement : l'acheteur ne devient pas propriétaire au moment du contrat ; pour qu'il le devienne, il faudra, non seulement un acte translatif de propriété (*mancipatio, cessio in jure* ou *traditio*), mais il devra en outre payer le prix au vendeur ; c'est ce que nous révèle la célèbre maxime : « *Res venditæ et traditæ non aliter emptori adquiruntur quam si is pretium solverit.* » Donc, tant que l'acheteur n'a pas payé, le vendeur reste propriétaire, il conserve la revendication ; il ne peut donc pas être question pour lui de reprendre, par l'effet de la condition résolutoire, une propriété qu'il a conservée. Quel profit pouvait dès lors lui apporter l'insertion de la condition résolutoire dans le contrat de vente ? Le vendeur, suivant les circonstances, pouvait avoir un double intérêt à invoquer la *lex commissoria* :

Tout d'abord, l'acheteur devenait propriétaire, avant le paiement du prix, toutes les fois que le vendeur avait renoncé à la maxime : « *res venditæ et traditæ* », avait suivi la foi de l'acheteur ; or, quand les parties inséraient la *lex commissoria*, c'est que le vendeur avait accordé à l'acheteur un délai pour le paiement du prix : il est donc possible, sinon probable que le vendeur avait eu confiance en l'acheteur et avait consenti à ce qu'il fût propriétaire, avant que le prix soit payé. Le vendeur, ayant cessé d'être propriétaire, avait donc intérêt à se réserver un moyen de recouvrer la propriété de sa chose, si cette confiance, qu'il avait accordée à l'acheteur, n'était pas justifiée, si celui-ci ne payait pas le prix.

Est-ce à dire que l'insertion de la *lex commissoria* fera toujours présumer que le vendeur a suivi la foi de l'acheteur ? On l'a prétendu ; mais le contraire paraît bien avoir été victorieusement démontré : quand le vendeur insère la *lex commissoria* dans le contrat de vente, il montre bien par là qu'il n'a pas une confiance absolue en la solvabilité de l'acheteur et, par suite, pourquoi présumer qu'il a entendu renoncer à l'avantage de la propriété réservée ? Mais alors, si le vendeur est resté propriétaire, à quoi lui servira la *lex commissoria* ? Elle lui permettra de se dégager des liens du contrat de vente : si la *lex commissoria* n'avait pas été insérée, le vendeur serait resté propriétaire, tant que l'acheteur n'aurait pas payé le prix ; mais l'acheteur aurait pu, quand il l'aurait voulu, même après un très long délai, devenir propriétaire de la chose, en effectuant le paiement du prix. Quand la *lex commissoria* au contraire, aura été insérée, le vendeur pourra demander la résolution de la vente et, après que cette résolution sera prononcée, l'acheteur aura beau venir offrir au vendeur le paiement du prix, celui-ci ne sera plus obligé de transférer la propriété : le contrat est dissous.

2° *Pacte d'addictio in diem* : le vendeur se réserve le droit de demander la résolution du contrat pour le cas où il trouverait un autre acheteur à des conditions plus avantageuses dans un certain délai. Ce pacte était fréquemment inséré dans les ventes aux enchères, très pratiquées en droit romain : le vendeur voulait se réserver par là la possibilité d'espacer ses enchères : après avoir vendu une première fois, il pouvait ainsi remettre la chose en vente et si, à ces secondes enchères, il obtenait un prix plus élevé qu'aux premières, il demandait la résolution de la première vente, pour livrer la chose au nouvel enchérisseur.

3° *Pactum de retrovendendo* : c'est le pacte de réméré de notre Code civil. Le vendeur se réserve le droit de reprendre la chose entre les mains de l'acquéreur pendant un délai qui ne peut excéder 5 ans, à la condition, bien entendu, de restituer le prix. On peut rapprocher de ce pacte : le pacte inverse de *retroemendo* et le pacte de préemption (dérivant de la convention grecque de προτιμησις), par lequel le vendeur se réserve le droit de reprendre la chose, pour le cas où l'acheteur viendrait à l'aliéner, en payant le même prix que celui offert par ce second acheteur.

4° *Pactum displicentiæ* ou vente à l'essai : l'acheteur se réserve le droit de rendre la chose au vendeur pendant un certain délai pour le cas où elle ne lui plairait pas.

Toutes ces clauses étaient insérées au début à titre de conditions suspensives ; mais elles finirent toutes (les textes nous le disent) par être insérées comme conditions résolutoires. On recherchait l'intention des parties pour savoir si, dans tel cas donné, la condition était suspensive ou résolutoire : la *lex commissoria*, spécialement, était, en cas de doute, présumée faite sous condition résolutoire.

Quand ces clauses étaient insérées à titre de conditions suspensives, pas de difficulté : à l'arrivée de la condition, le vendeur (1) avait
à sa disposition l'action en revendication ; il avait droit à tous les
fruits perçus *pendente conditione* ; si le vendeur n'était pas propriétaire, l'acheteur n'avait pas pu usucaper.

Mais que décider lorsque ces clauses constituaient des cas de
condition résolutoire ?

Si le contrat n'avait pas été exécuté, si le vendeur n'avait pas transféré la propriété de la chose et si l'acheteur n'avait pas payé le prix,
une fois la condition réalisée, le contrat ne pourra plus être exécuté ; les parties resteront donc dans le même état que si la vente
n'avait jamais été conclue.

Cette situation si simple ne se présentera que bien rarement dans la
pratique. Il est en effet s un principe fondamental de la législation
romaine : « *pura emptio quæ sub conditione resolvitur.* » La vente est
considérée comme pure et simple, bien qu'elle soit affectée d'une
condition résolutoire ; c'est seulement la résolution de cette vente
qui est subordonnée à une condition suspensive : le contrat sera
donc exécuté, comme s'il était définitif : l'acheteur payera le prix,
le vendeur transférera la propriété de la chose.

Quels effets produira dès lors cette vente, soit *pendente conditione*,
soit si la condition est défaillie, soit si elle s'est réalisée ?

1. — *Pendente conditione*, la vente produira provisoirement les
mêmes effets que si elle avait été pure et simple : l'acheteur deviendra donc propriétaire, il fera les fruits siens ; si le vendeur n'était
pas propriétaire, l'acheteur pourra commencer à usucaper.

Que décider quant aux risques ? Je vous vends une maison sous
condition résolutoire ; *pendente conditione*, la maison est détruite
par incendie. Me devrez-vous encore le prix et, si vous ne l'avez pas
payé, pourrez-vous le répéter ? Les risques seront-ils pour le vendeur
ou pour l'acheteur ? Distinguons : si, plus tard, la condition vient à
défaillir, l'acheteur, ayant été considéré comme propriétaire défini-

(1) Au lieu de « l'acheteur ».

tif dès le jour du transfert de propriété, devra payer le prix : les risques sont à sa charge. Mais, si la condition vient à se réaliser, quelle solution faut-il adopter ? On a soutenu, qu'ici encore, l'acheteur devrait payer le prix, en alléguant les principes et les textes.

1° *Les principes* : l'acheteur sous condition résolutoire doit être considéré comme ayant acheté la chose purement et simplement et comme l'ayant ensuite revendue sous condition suspensive : il doit donc être assimilé à un vendeur sous condition suspensive et, comme tel, supporter les risques.

2° *Les textes* nous disent formellement que, dans les deux cas principaux de vente sous condition résolutoire (la *lex commissoria* et le pacte d'*addictio in diem*), les risques sont pour l'acheteur (V. Digeste, l. 18, t. 3, *de lege commissoria*, fragm. 2 et l. 18, t. 2, *de in diem addictione*, fragm. 2, § 1).

Cette solution n'a cependant pas rallié l'unanimité des suffrages :

1° Il est inexact, a-t-on dit, d'assimiler l'acheteur sous condition résolutoire à un vendeur sous condition suspensive et d'appliquer ainsi à la condition résolutoire, en les renversant, les principes qu régissent la condition suspensive. La condition suspensive et la condition résolutoire sont en réalité deux clauses distinctes et on ne peut pas raisonner par argument *à contrario* pour appliquer à l'une les règles inverses de celles qui s'appliquent à l'autre.

2° Si, en cas de *lex commissoria* et de pacte d'*addictio in diem*, les risques sont pour l'acheteur, c'est en vertu de motifs tout à fait spéciaux à ces deux modes d'extinction : a) en cas de *lex commissoria*, en effet, la condition résolutoire, à laquelle est subordonné la vente, est précisément le défaut de paiement du prix. Supposons que l'immeuble vendu périsse au bout de six mois : si l'acheteur avait payé son prix auparavant, il serait définitif propriétaire, il ne pourrait pas reprendre son prix entre les mains du vendeur, il supporterait les risques. Mais voilà que l'acheteur a laissé passer les six mois sans payer : si on décide que les risques sont à la charge du vendeur, cet acheteur va pouvoir garder le prix, uniquement parce qu'il a tardé davantage à le payer, résultat souverainement injuste, auquel les lois romaines ont voulu remédier, en décidant, qu'à titre exceptionnel, en cas de *lex commissoria*, les risques seraient pour l'acheteur, peu importe que la chose ait péri avant ou après le paiement du prix ; *b*) en cas d'*addictio in diem*, c'est un motif d'un ordre différent qui justifie la solution romaine : les risques ne peuvent être mis à la charge du vendeur que si la condition vient à se réaliser ; si la condition est défaillie, nous l'avons vu, c'est certainement l'acheteur qui supportera les risques. Par suite, les risques seront pour l'acheteur dans les cas où, par suite de la perte de la chose, la condition ne peut plus se réaliser et c'est ce qui arrive dans notre hypothèse : le vendeur s'était réservé le droit de résoudre la vente pour le cas où il trouverait un nouvel acheteur à de meilleures conditions ; si l'immeuble vendu est détruit, il est bien certain que le vendeur ne trouvera pas un nouvel acheteur de l'immeuble à des conditions plus avantageuses que la première fois : la condition, par la force même des choses, ne pourra donc pas se réaliser et, par suite, les risques seront pour l'acheteur.

Cette argumentation se trouve confirmée par les textes : au titre « *de in diem addictione* », Ulpien nous dit que, si la chose périt, elle périra pour l'acheteur : « *periculum ad eum pertinere, si res interierit* » (fragm. 2, § 1) et le texte suivant de Paul (fragm. 3) nous explique la raison d'être de cette décision d'Ulpien : « *Quoniam post interitum rei jam nec adfferi possit melior condicio.* » Le texte de Paul fournit aux partisans de cette seconde opinion l'argument le plus sérieux qu'ils puissent invoquer c'est parce que la perte de la chose empêchera la condition de se réaliser que les risques sont pour l'acheteur ; donc, *à contrario*, toutes les fois que, malgré la perte de la chose, la condition peut encore se réaliser, c'est le vendeur qui devra supporter les risques.

II. — *Si la condition ne se réalise pas*, le contrat sera considéré comme ayant été pur et simple dès l'origine et, par suite si la vente a été faite à un *alieni juris*, elle profitera au *paterfamilias* du moment du contrat, alors même que, *pendente conditione*, l'*alieni juris* acheteur aurait changé de puissance, notamment par *manus* ou *adrogatio*, et alors même qu'il serait devenu *sui juris* par la mort du *paterfamilias*, ou par émancipation pour un fils de famille, ou par affranchissement, s'il s'agit d'un esclave.

Il est vrai qu'en cas de donation à cause de mort, faite à un esclave, un texte de Paul nous dit que, si l'esclave a été affranchi, « *post mortem donatoris* », avant l'arrivée de la condition, la donation profite au maître du moment du contrat, ce qui implique *à contrario* que, si l'esclave a été affranchi avant la mort du donateur, c'est lui qui profitera de la donation. Mais cette règle ne saurait être étendue au cas de vente sous condition résolutoire : elle peut s'expliquer par les règles spéciales de la donation à cause de mort, spécialement par son analogie avec les legs, ce qui lui faisait appliquer beaucoup de principes concernant les dispositions testamentaires.

III. — *Si la condition se réalise*, que décider ? Le vendeur dans ce cas devra restituer le prix à l'acheteur ; on admet généralement qu'il devra lui remettre aussi les intérêts de ce prix, bien que les textes ne parlent que de la restitution du capital (le vendeur, en effet, ayant droit à la restitution des fruits, il est juste que, par réciprocité, il rembourse les intérêts du prix).

De son côté, il faudra que l'acheteur rende la chose au vendeur et c'est ici qu'apparaît la vraie difficulté du sujet : la vente a été exécutée, l'acheteur est devenu propriétaire ; comment faire revenir cette propriété entre les mains du vendeur ? Quelle action accorderons-nous au vendeur pour obtenir cette restitution et quels seront les caractères et les effets de cette action ? C'est à la solution de cette question que nous devons consacrer le reste de cette étude.

Le Code civil a consacré la rétroactivité de la condition résolutoire ; il décide que le vendeur recouvre rétroactivement la propriété de la chose vendue, si la condition résolutoire se réalise : il sera donc considéré comme n'ayant jamais cessé d'être propriétaire.

Cette décision du Code civil est la résultante d'une longue étape par laquelle a passé cette question dans la législation romaine : on peut concevoir trois sortes d'actions résolutoires que l'on peut accorder au vendeur à l'arrivée de la condition pour recouvrer la propriété de sa chose.

1° *Action en rétrocession*, simple action personnelle par laquelle le vendeur demande à l'acheteur de lui retransférer la propriété de la chose vendue. La chose reviendra alors entre les mains du vendeur, grevée de tous les droits réels que l'acheteur a consentis sur elle : l'acheteur aura été considéré comme propriétaire perpétuel ; il aura donc pu consentir des droits perpétuels et définitifs sur cette chose. L'obligation pour l'acheteur de retransférer la propriété au vendeur ne pourra donc pas enlever à ces tiers les droits réels qu'ils ont légitimement acquis.

2° *Action en résolution réelle*, par laquelle le vendeur reprendra la propriété de sa chose libre de tous les droits réels qui ont été consentis sur elle par l'acheteur. Si l'on accorde cette action au vendeur, on aboutit à une double conséquence :

a) Jusqu'à l'arrivée de la condition, l'acheteur doit être considéré comme propriétaire *ad tempus* : il peut donc bien consentir des droits réels sur la chose ; mais ces droits réels s'éteindront à l'arrivée de la condition.

b) Le vendeur a cessé d'être propriétaire jusqu'à l'arrivée de la condition ; à ce moment-là, il recouvre la propriété sans aucune rétroactivité. Donc, *pendente conditione*, il ne peut pas consentir des droits réels sur la chose, à moins de les soumettre à la même condition, à laquelle était subordonné son droit de propriété.

3° *Action en résolution rétroactive* : le vendeur sera considéré comme n'ayant jamais cessé d'être propriétaire ; donc :

a) Non seulement les droits réels, consentis par l'acheteur, *pendente conditione*, seront opposables au vendeur, mais ils seront rétroactivement anéantis, réputés n'avoir jamais existé.

b) *Pendente conditione*, l'acheteur a pu consentir des droits réels sur la chose, qui seront maintenus à l'arrivée de la condition.

Donc, suivant que l'on accordera au vendeur une action en rétrocession ou une action en résolution personnelle, ou une action en résolution rétroactive, l'acheteur sera considéré, à l'arrivée de la condition, soit comme ayant été propriétaire perpétuel *pendente condilione*, soit comme n'ayant eu, pendant cet intervalle, qu'une propriété *ad tempus*, soit comme n'ayant jamais été propriétaire de la chose.

Le Code civil a franchi la troisième étape. Au début, les Romains n'étaient pas encore arrivés à la première, comme nous allons le constater, en étudiant successivement ces trois catégories d'actions :

1° ACTION EN RÉTROCESSION.

Laissons de côté le cas de donation sous condition résolutoire, que nous n'avons pas à étudier, et dans lequel on accordait au donateur, pour reprendre la chose, soit des actions spéciales, provenant de clauses particulières du contrat, soit une *actio in factum*, soit une *condictio*. Pour la vente sous condition résolutoire, deux cas sont à étudier :

a) *En cas de vente à l'essai* de la compétence des édiles, ceux-ci accordaient au vendeur, si la chose ne plaisait pas à l'acheteur, une action édilicienne, qui pouvait bien n'être qu'une forme de l'*actio redhibitoria*, accordée par les édiles, soit en cas de vices de la chose, soit simplement si la chose ne plaisait pas à l'acheteur.

b) *Dans les autres cas de vente sous condition résolutoire*, les textes accordent au vendeur tantôt l'*actio venditi* (par exemple en cas de *lex commissoria* ou *de pacte d'addictio in diem*), tantôt une *actio in factum* (par exemple dans l'hypothèse du *pactum de retro-vendendo*). Un rescrit d'Alexandre Sévère porte, qu'en cas de vente avec *lex commissoria*, le vendeur aura à son choix l'*actio venditi* ou l'*actio præscriptis verbis* : « *Actio præscriptis verbis vel venditi tibi dabitur* », et alors on a soutenu qu'il y avait eu sur ce point une controverse entre les Proculiens et les Sabiniens, les uns soutenant que l'on pourrait voir dans cette hypothèse un cas de contrat innommé, et les autres le niant. Alexandre-Sévère aurait alors tranché la controverse en accordant le choix au vendeur. Seulement il paraît bien établi que l'action, qui était accordée au vendeur dans notre hypothèse, n'était pas l'*actio civilis in factum*, qui sanctionnait les contrats innommés avant la création de l'*actio præscriptis verbis*, mais bien une *actio in factum* prétorienne. Plusieurs fois, Justinien a ajouté aux textes, qui accordaient une *actio in factum*, les mots : « *id est præscriptis verbis* ». Ici, il a tout simplement supprimé les mots « *actio in factum* » pour les remplacer par « *actio præscriptis verbis* ». C'est donc seulement le choix entre l'*actio venditi* et l'action prétorienne *in factum* qu'Alexandre Sévère a voulu accorder en cas de *lex commissoria*.

L'*actio venditi* sera évidemment plus avantageuse au vendeur que l'autre. On peut s'étonner que cette action, qui a pour but l'exécution du contrat, serve ici à sa résolution ; mais on a répondu que cette action pouvait sanctionner même ce droit du vendeur de demander la résolution, cette clause de condition résolutoire devant être considérée comme un pacte adjoint *in continenti ad minuendam obligationem*.

2° ACTION EN RÉSOLUTION RÉELLE.

Cette action en résolution présentait un grand avantage sur la précédente en ce qu'elle permettait au vendeur de reprendre la chose par préférence aux créanciers de l'acheteur et de la reprendre libre de tous les droits réels que l'acheteur aurait pu consentir sur elle. Cependant l'action personnelle en rétrocession lui était supérieure à plusieurs points de vue (et cette supériorité constitue pour une des théories que nous aurons à étudier un argument très important) :

a) L'action réelle ne peut être exercée que contre ceux qui possèdent ou ont cessé par dol de posséder : si l'acheteur, sans dol, a été dépouillé de la possession de la chose, l'action réelle ne peut plus être exercée contre lui; au contraire, il reste passible de l'action personnelle par laquelle il répond de toutes ses fautes.

b) Si nous n'accordons qu'une action réelle au vendeur dans le cas où il n'était pas réellement propriétaire, il n'aura plus aucun droit contre l'acheteur, qui a usucapé *pendente conditione*. Au contraire, si l'acheteur est passible de l'action personnelle, il devra restituer la chose au vendeur, alors même qu'il aurait usucapé, *pendente conditione* ; car il ne doit conserver aucun profit du contrat résolu.

c) Par l'action réelle, le vendeur ne pourra reprendre que sa chose et non les fruits perçus *pendente conditione*. Au contraire, les textes romains permettent au vendeur, par l'action en rétrocession, de reprendre la chose, *cum fructibus* et *omni causa*. L'*omnis causa* peut s'entendre des actions qui auraient pu naître *pendente conditione* relativement à la chose, par exemple de l'*actio Aquilia* contre celui qui l'aurait dégradée ; poursuivi par l'action personnelle en rétrocession, l'acheteur devra céder au vendeur cette *actio Aquilia* contre l'auteur de la dégradation.

d) L'action réelle ne permettra pas au vendeur de se faire indemniser par l'acheteur des dégradations qu'il a lui-même commises sur la chose. Au contraire, grâce à l'action personnelle en rétrocession, les Romains avaient décidé, d'une part, que le vendeur pourrait réclamer une indemnité pour les dégradations et, d'autre part, que l'acheteur pourrait se faire indemniser des impenses faites sur la chose : un rescrit (d'Alexandre Sévère, je crois) le dit formellement pour les impenses nécessaires. Que décider pour les impenses utiles ? On a soutenu que l'acheteur ne pourrait réclamer aucune indemnité pour ces impenses, en invoquant un argument *a contrario* du rescrit précité, qui ne concerne que les impenses nécessaires, et en ajoutant que l'on peut fort bien assimiler cet acheteur à un possesseur de mauvaise foi ; car il connaît parfaitement la clause de résolution dont la vente est affectée. Cette solution n'a pas réuni la majorité des suffrages ; car, si le rescrit ne vise que les impenses nécessaires, c'est parce que l'empereur, qui a rendu ce rescrit, n'avait été consulté que sur ce point spécial et, par suite, n'avait pas à s'occuper des impenses utiles. De plus, si on assimilait l'acheteur sous condition résolutoire à un possesseur de mauvaise foi, il faudrait lui refuser même une indemnité pour impenses nécessaires. Enfin, si le possesseur de mauvaise foi ne peut pas se faire rembourser les impenses, c'est parce qu'aucun rapport contractuel ne l'unit au propriétaire ; ici, au contraire, il en est tout autrement : les deux parties sont liées entre elles par un contrat de vente et la bonne foi, qui régit ce contrat, veut que l'acheteur puisse réclamer une indemnité pour impenses, de même que le vendeur a droit à indemnité pour détériorations.

Ces infériorités de l'action réelle n'empêchent pas que le droit de suite et le droit de préférence, qui y sont attachés, sont pour le vendeur du plus haut intérêt et alors se pose cette importante question : la législation romaine accordait-elle une action réelle au vendeur pour recouvrer la propriété de sa chose à l'arrivée de la condition résolutoire ?

Pour répondre à cette question, il importe de distinguer deux périodes.

1re Période : Période classique.

D'après l'opinion qui fut, pendant longtemps, dominante en Allemagne, le vendeur, même à l'époque classique, pouvait reprendre sa chose par une *actio in rem* : la propriété lui faisait retour de plein droit à l'arrivée de la condition résolutoire et, à l'appui de cette opinion, les jurisconsultes allemands ont allégué les principes et les textes.

1° *Les principes* : la tradition ne transfère la propriété que sous la condition d'une juste cause ; cette *justa causa*, étant essentielle à la validité du transfert de propriété, doit aussi servir à en déterminer les conditions et les effets : quand une vente est faite sous condition suspensive, la *justa causa* n'existant qu'à l'arrivée de la condition, c'est seulement à ce moment-là que l'acheteur deviendra propriétaire. De même, quand un vendeur se réserve une servitude sur la chose vendue, la *justa causa* aura pour résultat de ne faire acquérir la propriété à l'acheteur que déduction faite de cette servitude. Il doit en être de même dans notre matière : les parties ayant subordonné la vente à une condition résolutoire, la *justa causa* n'existe plus lorsque la condition se réalise et par suite la tradition doit être considérée comme n'ayant pas été faite : le vendeur recouvre ainsi de plein droit la propriété de la chose.

2° *Les textes :* outre un texte concernant la donation à cause de mort, dont nous n'avons pas à nous occuper, les partisans de cette doctrine allèguent trois textes relatifs à la *lex commissoria* et quatre relatifs au pacte d'*addictio in diem :*

A. *Lex commissoria.* — (*a* et *b*) Scævola et Alexandre Sévère parlent tous les deux de *vindicatio* du vendeur.

c) Une constitution au Code décide, qu'à l'arrivée de la condition, « *dominium ad venditorem pertinebit* ».

B. *Pacte d'addictio in diem.* — (*a* et *b*) *Marcellus et Ulpien* déclarent tous les deux que les droits réels (hypothèques ou gages) consentis par l'acheteur disparaissent à l'arrivée de la condition, sont inopposables au vendeur.

c) *Ulpien* décide que *l'actio in rem* appartient à l'acheteur avant l'arrivée de la condition et au vendeur après.

d) *Paul*, au titre « *de aqua* » (l. 39, t. 3), décide que celui, qui veut acquérir valablement une servitude d'aqueduc sur une chose vendue sous condition résolutoire, doit obtenir le consentement du vendeur et de l'acheteur. Or, si le vendeur, à l'arrivée de la condition, n'avait qu'une action personnelle, il devrait respecter la servitude consentie par l'acheteur, alors même qu'il n'y aurait pas donné son adhésion. Il suffirait donc, pour celui qui veut acquérir une servitude sur ce fonds, d'obtenir le consentement de l'acheteur. En décidant que, pour être à l'abri de toute sécurité, le titulaire de la servitude doit obtenir aussi le consentement du vendeur, Paul démontre par là-même que la propriété fera retour de plein droit au vendeur à l'arrivée de la condition.

3° Il est facile, même dans cette opinion, d'expliquer les textes qui accordent au vendeur une action en résolution personnelle. Les jurisconsultes allemands, en effet, peuvent donner une double explication de cette particularité : d'abord, il se peut qu'une clause expresse de la vente sous condition résolutoire écarte l'application de l'action réelle, pour réduire le droit de l'acheteur, à l'arrivée de la condition, à une simple action personnelle. De plus et surtout, on comprend fort bien le cumul, au profit du vendeur, de l'action

en résolution réelle et de l'action en rétrocession, puisque cette dernière, nous l'avons vu, présente sur la première, quatre supériorités très appréciables pour le vendeur.

4° On peut parfaitement expliquer, dans cette opinion, un texte qu'on objecte à ce système et qui concerne le *pactum displicentiæ* : ce texte décide, qu'en cas de *pactum displicentiæ*, les droits réels consentis par l'acheteur le sont valablement et ne pourront pas être anéantis : c'est donc bien, objecte-t-on, que ces droits réels seront opposables au vendeur, même après l'arrivée de la condition. Mais les jurisconsultes allemands nous paraissent avoir victorieusement réfuté cette objection, en faisant remarquer que, si ces droits réels sont définitivement valables, c'est parce, qu'à partir du jour où ils ont été consentis, l'acheteur a été définitivement propriétaire, la condition a été considérée comme défaillie ; car, en constituant un droit réel, l'acheteur a implicitement renoncé à son droit de faire résoudre la vente : il a montré qu'il entendait être définitivement propriétaire, parce que la chose lui plaisait.

Cette opinion semble donc établie sur des bases sérieuses et profondes, mais une objection capitale peut lui être faite :

Les principes et les textes romains veulent que la propriété ne puisse pas être transférée *ad tempus* ; or, dans l'opinion que nous venons d'exposer, l'acheteur est considéré comme ayant été propriétaire *ad tempus*.

De nombreuses raisons peuvent être alléguées pour démontrer l'impossibilité d'un transfert de propriété *ad tempus* en droit romain :

1° Quand un créancier voulait se faire octroyer une garantie réelle par le débiteur, il se faisait, dans l'ancien droit romain, transférer la propriété avec clause de fiducie et alors, lorsque le débiteur exécutera son obligation, il demandera au créancier de lui retransférer la propriété de cette chose, conformément à la clause de fiducie. Il est bien certain que le débiteur ne se serait pas exposé à n'avoir qu'un droit aussi peu sûr contre le créancier, s'il avait pu lui transférer *ad tempus* la propriété de cette chose, en stipulant qu'elle lui ferait retour de plein droit lors du paiement de sa dette.

2° Avant Justinien, le testateur ne pouvait pas, par legs, transférer la propriété au légataire pour un certain temps: les legs *ad tempus* étaient interdits. Pourquoi donc aurait-il pu en être autrement en matière de vente?

3° Le paragraphe 283 *de fragmenta Vaticana* est absolument décisif; il pose comme un principe fondamental, et sans y apporter aucune restriction : « *quum ad tempus proprietas transferri nonp otest.* »

On a encore allégué en faveur de ce principe d'autres considérations ; mais elles nous paraissent moins décisives que les précédentes. On a dit, d'une part que les servitudes réelles sont perpétuelles et qu'il doit en être de même du droit de propriété, et d'autre part que les jurisconsultes romains insistent d'une façon toute particulière sur le caractère temporaire des servitudes personnelles, ce qu'ils ne feraient pas avec autant d'instance si la propriété, elle aussi, pouvait être un droit temporaire.

Si le principe de l'impossibilité d'une propriété *ad tempus* paraît ainsi bien établi, nous devons cependant répondre à une grave objection qui lui est faite : est-ce que les règles de la vente sous condition suspensive ne permettaient pas d'échapper en pratique à la maxime : « *Ad tempus proprietas transferri non potest* »? Je vous vends un bien sous condition suspensive ; je reste propriétaire jusqu'à l'arrivée de la condition ; vous le devenez à ce moment-là. Donc, je suis en réalité propriétaire *ad tempus* et alors, pourrait-on dire, si vous voulez me vendre un bien sous condition résolutoire, de telle façon, qu'à l'arrivée de la condition, la propriété de ce bien vous fasse retour de plein droit, un procédé détourné pourra parfaitement atteindre ce résultat : il suffira que vous me vendiez le bien purement et simplement et, à mon tour, je vous en transférerai la propriété sous condition suspensive et alors, si la condition se réalise, vous bénéficierez d'une action réelle. Dès lors, il est facile de saisir l'objection qui peut nous être faite : si, par un détour, on peut aboutir à éluder la règle « *ad tempus proprietas transferri non potest* », pourquoi ne pas déclarer franchement que cette règle est inapplicable au moins en notre matière ?

Cette objection n'est nullement convaincante : en employant ce détour, nous n'aboutirons nullement au même résultat que si la propriété avait été transférée sous condition résolutoire, avec retour de plein droit à l'aliénateur à l'arrivée de la condition ; car, entre le moment où je suis devenu propriétaire pur et simple et le moment où je vous ai transféré la propriété de la chose sous condition suspensive, quelque court que soit cet instant, il n'en est pas moins vrai que, pendant ce petit intervalle, j'ai été propriétaire pur et simple de la chose et, par suite, elle a été atteinte par les hypothèques générales dont j'étais grevé. Donc, à l'arrivée de la condition, la chose ne vous reviendra pas libre de tous droits réels.

Il semble donc bien établi que la propriété ne pouvait pas à Rome être transférée *ad tempus* et, par suite, l'opinion des jurisconsultes allemands, qui supposent ce transfert *ad tempus*, ne peut pas être admise.

Mais alors, comment répondre aux deux arguments de principe et de textes, invoqués par la première opinion ?

Pour l'argument de principe, la réponse est aisée : la *justa causa* limitait si peu les effets de la condition que, d'après des textes formels, si le vendeur avait oublié, au moment même de la tradition, de se réserver une servitude, alors que les parties étaient parfaitement d'accord pour cette réserve, le vendeur ne conservait pas cette servitude.

L'argument de textes est plus difficile à combattre.

Trois explications différentes ont été proposées pour justifier ces textes, tout en déclarant que le vendeur ne redevient pas propriétuire de plein droit à l'arrivée de la condition.

1re *Explication.* — Malgré leur apparence, ces textes ne signifient nullement que la propriété fait retour de plein droit à l'aliénateur à l'arrivée de la condition résolutoire :

1° Le texte concernant la *donation à cause de mort* vise le cas où elle est faite sous condition suspensive.

2° *En matière de lex commissoria :* (*a* et *b*) Si Scævola et Alexandre Sévère parlent de *vindicatio* du vendeur, ils n'emploient pas cette expression dans son sens technique ; pour eux, *vindicare* signifie simplement « demander, réclamer ». D'ailleurs Scævola n'est qu'un consultant et non un jurisconsulte et, quant à Alexandre Sévère, il est facile de paralyser ce texte par un autre, émanant du même jurisconsulte, dans la matière même de la *lex commissoria*, et dans lequel il n'accorde au vendeur qu'une action personnelle à l'arrivée de la condition.

c) Si une constitution décide que *dominum ad venditorem pertinebit*, elle ne déclare pas en vertu de quel événement juridique la propriété appartiendra ainsi au vendeur à l'arrivée de la condition : est-ce en vertu d'un retour de plein droit, ou est-ce comme conséquence d'une rétrocession ? Le texte ne tranchant pas cette question, la seconde solution peut aussi bien être admise que la première.

3° *Pour le pacte d'addictio in diem*, les textes de Marcellus et d'Ulpien s'expliquent par une opinion personnelle à ces jurisconsultes. Quant au texte de Paul, il ne peut pas avoir le sens que lui attribuent les jurisconsultes allemands, parce que nous avons un autre texte de Paul qui, en cas de donation à cause de mort, refuse formellement l'action réelle au donateur à l'arrivée de la condition : il décide que, si le donataire à cause de mort d'un esclave l'a affranchi, cet affranchissement est valable et le donateur est réduit à une simple *condictio*. Il faut donc trouver un autre sens au fragment de Paul : la solution donnée ici par Paul peut, dit-on, se justifier, soit parce que Paul prévoyait le cas où l'*addictio in diem* opérait à titre de condition suspensive, soit parce qu'il pouvait y avoir doute sur le caractère suspensif ou résolutoire de la condition et que, dès lors, il était plus prudent pour celui qui voulait se faire consentir une servitude d'obtenir le consentement du vendeur et de l'acheteur, soit enfin parce que Paul n'ignorait pas l'opinion de Marcellus et d'Ulpien et donnait le conseil de demander l'adhésion du vendeur et de l'acheteur pour être en règle avec toutes les opinions.

2ᵉ *Explication.* — Pourquoi, disent MM. Bechmann et Dernburg, faut-il nécessairement donner une solution identique pour tous les cas d'aliénation sous condition résolutoire ? N'est-il pas plus juridique, plus conforme à la logique de prendre un à un tous les cas d'aliénation sous condition résolutoire et de nous demander, à propos de chacun d'eux, quelle solution il faut consacrer.

MM. Bechmann et Dernburg ont ainsi abouti assez facilement à écarter l'action réelle en cas de *pactum displicentiæ* et de *pactum de retrovendendo*, pour lesquels aucun texte ne peut être allégué. Inversement, ils considèrent, qu'en cas de pacte d'*addictio in diem*, les textes de Marcellus, Paul et Ulpien sont décisifs pour faire admettre le retour de plein droit de la propriété au vendeur. Reste l'hypothèse de la *lex commissoria*, pour laquelle ces deux auteurs se sont divisés : Dernburg admet le retour de la propriété de plein droit ; mais Bechmann repousse cette solution par une considération simple et décisive : si, en cas de *lex commissoria*, les textes décident que le vendeur a la *vindicatio* et le *dominium*, à l'arrivée de la condition, c'est parce qu'il n'a pas cessé d'être propriétaire, l'acheteur ne devenant propriétaire en droit romain que par le paiement du prix, et le prix dans notre cas n'était pas payé.

3ᵉ *Explication*, qui a déjà son origine dans le *Traité* de Bechmann et qui a été développée avec toute son ampleur par un éminent jurisconsulte français. Cette explication a cette supériorité sur la première qu'elle explique à merveille tous les textes, sans être obligée de recourir à ce refuge extrême d'une opinion personnelle à certains jurisconsultes. Elle a cette supériorité sur la seconde qu'elle n'est nullement obligée de recourir à des distinctions entre les divers cas de conditions résolutoires, distinctions qu'il est bien difficile d'expliquer logiquement.

D'après M. Appleton, une distinction fondamentale doit être faite entre deux hypothèses :

1ʳᵉ *Hypothèse.* — *Le vendeur est resté propriétaire,* ce qui peut arriver dans deux cas :

1° Quand le prix n'a pas été payé et que le vendeur n'a pas suivi la foi de l'acheteur ;

2° Quand il s'agit d'une *res mancipi* dont la propriété a été transférée par simple tradition, tradition qui a pour résultat de faire acquérir à l'acheteur la propriété bonitaire, mais non la propriété quiritaire.

Dans ces cas, le vendeur conserve la revendication. L'acheteur pourra paralyser cette revendication par une *exceptio rei venditæ et traditæ* ; mais cette exception, disent les textes, ne peut pas être invoquée par l'acheteur quand le vendeur a une juste cause de revendication « *justam causam habet cur rem vindicet* ». Or, en cas de vente sous condition résolutoire, à l'arrivée de la condition, le vendeur a une juste cause de revendication : il pourra donc paralyser par une *replicatio doli* l'exception alléguée par l'acheteur.

Il reste à montrer que, dans les cas visés par les textes, concernant la *lex commissoria* et le pacte *d'addictio in diem,* le vendeur était bien resté propriétaire.

A. *Lex commissoria.* — Le vendeur est resté propriétaire, puisque le prix n'a pas été payé et que : « *res venditæ et traditæ non aliter emptori adquiruntur quam si is pretium solverit* ». Il est vrai que cette règle recevait exception, quand le vendeur avait suivi la foi de l'acheteur ; mais, bien souvent, dans notre hypothèse, il n'en sera pas ainsi. Sans doute, la concession d'un terme fait en règle générale présumer que le vendeur renonce au bénéfice de la maxime *res venditæ et traditæ* ; mais il n'en sera plus ainsi quand les parties auront manifesté une intention contraire et, quand le vendeur stipule la *lex commissoria,* ne montre-t-il pas par là-même qu'il n'a pas confiance en la solvabilité de l'acheteur ?

En vain, objecterait-on que la *lex commissoria* n'aurait pas présenté d'utilité pour le vendeur (1), s'il était resté propriétaire ; nous

_____

(1) Au lieu de « l'acheteur ».

avons en effet démontré, en envisageant la *lex commissoria* en elle-même, qu'elle était avantageuse pour le vendeur (1) même resté propriétaire.

On peut d'ailleurs invoquer deux textes qui paraissent démontrer que la propriété peut rester au vendeur au cas de *lex commissoria*, si telle est l'intention des parties :

a) Un texte décide que les choses vendues avec *lex commissoria* doivent compter dans le patrimoine du vendeur pour le calcul de la quarte falcidie.

b) Un autre texte déclare que, par interprétation de la volonté des parties, l'acheteur pourrait jouir de la chose *pendente conditione*, les parties ayant voulu qu'il bénéficiât de tous les avantages de la propriété. Si l'acheteur était devenu propriétaire, il ne serait nullement nécessaire de dire qu'on lui accorde les avantages de la propriété par interprétation de la volonté des parties ; car il bénéficierait de ces avantages tout simplement comme conséquence de son droit de propriété.

Le vendeur étant resté propriétaire, il est tout naturel que les textes nous parlent de *vindicatio* du vendeur à l'arrivée de la condition.

B. *Pacte d'addictio in diem.* — Une controverse existait entre les jurisconsultes romains pour déterminer le caractère suspensif ou résolutoire du pacte d'*addictio in diem* et les textes nous signalent en détail les intérêts de cette controverse quant aux fruits, quant aux risques, quant à l'*usucapio*. Chose curieuse, ils ne mentionnent pas un autre intérêt, qui cependant est beaucoup plus important que tous les précédents, quant au transfert de propriété : si ce pacte opère à titre de condition suspensive, l'acheteur ne doit devenir propriétaire qu'à l'arrivée de la condition ; s'il opère à titre de condition résolutoire, il doit devenir propriétaire immédiatement. Comment se fait-il donc que les textes ne signalent pas cette divergence capitale ? C'est que, dit M. Appleton, cette différence n'exis-

(1) Au lieu de « le créancier ».

tait pas en réalité ; c'est que le vendeur restait propriétaire, peu importe que le pacte opérât à titre de condition suspensive ou de condition résolutoire. Les textes montrent en effet que le vendeur était resté propriétaire : ils décident que, *pendente conditione*, il faut compter la chose vendue *in bonis venditoris* pour le calcul de la quarte falcidie et, de plus, la formule de l'*addictio in diem* porte, qu'à l'arrivée de la condition, la chose sortira du patrimoine du vendeur, ce qui montre bien que, jusque-là, le vendeur était resté propriétaire.

D'autre part, les textes montrent expressément que l'acheteur n'était pas devenu propriétaire *pendente conditione* : ils déclarent en effet que l'interdit *quod vi aut clam* appartient à l'acheteur *pendente conditione*, parce qu'il est dans l'intention des parties que l'acheteur bénéficie *pendente conditione* de tout le *commodum*, c'est-à-dire des avantages de la propriété, ce qui implique bien que l'acheteur n'était pas encore propriétaire.

Ces solutions s'expliquent aisément. En pratique, bien souvent, l'acheteur avec pacte d'*addictio in diem* n'aura pas payé le prix. Cependant des textes précis supposent des hypothèses où le prix aura été payé. Comment expliquer que le vendeur soit néanmoins resté propriétaire ? Cette solution proviendra, dit M. Appleton, de ce qu'il s'agira d'une *res mancipi* aliénée par tradition : l'acheteur n'aura alors que la propriété *in bonis* et par suite la publicienne, le vendeur conservera la propriété quiritaire et la revendication qui la sanctionne, et c'est bien la solution que paraissent viser les textes de Marcellus et d'Ulpien qui parlent de *traditio* et de *fundus*.

Il est vrai qu'Ulpien qualifie ici l'acheteur de « *dominus* » ; mais il est facile de trouver d'autres textes où l'expression de « *dominus* » est employée pour désigner le propriétaire bonitaire, investi de l'action publicienne.

Quant au texte de Paul (l. 39, t. 3, fragm. 9), il s'explique très aisément : l'acheteur a consenti à la concession de la servitude comme propriétaire bonitaire et le vendeur y a donné son adhésion comme propriétaire quiritaire.

Donc, si le vendeur est resté propriétaire, il conserve la revendication ; mais l'acheteur peut invoquer la publicienne et, comme cette action publicienne exige une *justa causa*, l'acheteur la perd à l'arrivée de la condition résolutoire ; dès lors rien ne fera plus obstacle à l'exercice de la revendication par le vendeur.

2ᵉ *Hypothèse* : *Le vendeur a cessé d'être propriétaire*, parce que le prix a été payé et que la propriété a été valablement transférée par *mancipatio* ou *cessio in jure* pour les *res mancipi*, par *traditio* pour les *res nec mancipi*.

Dans ce cas, le vendeur, à l'arrivée de la condition, n'aura qu'une simple action personnelle en rétrocession et c'est ce que décide formellement Alexandre Sévère dans le cas de *lex commissoria*, lorsqu'il sera démontré que le vendeur, tout en insérant cette clause, avait néanmoins suivi la foi de l'acheteur.

Il n'y a donc aucune contradiction entre les deux textes d'Alexandre Sévère, l'un accordant une *vindicatio* au vendeur à l'arrivée de la condition, l'autre ne lui octroyant qu'une simple *condictio* ; le premier de ces deux textes vise le cas où le vendeur était resté propriétaire, le second se réfère à l'hypothèse dans laquelle l'acheteur était devenu propriétaire.

Quant au texte accordant une *actio in rem* au donateur, en cas de donation (1) sous condition résolutoire, je n'ai pas à montrer ici, cette matière ne rentrant pas dans le sujet à traiter, comment M. Appleton l'explique par la théorie de l'action publicienne.

2ᵉ Période : Justinien.

Il semble bien que, sous Justinien, la propriété doit faire retour de plein droit à l'aliénateur sous condition résolutoire, la maxime *ad tempus proprietas transferri non potest* étant abrogée par cet empereur : il décide en effet, contrairement au droit antérieur, que les legs peuvent être faits *ad tempus* et, interpolant une constitu-

---

(1) Les 4 mots « en cas de donation » ont été ajoutés.

tion de Dioclétien, il déclare formellement : *ad tempus proprietas transferri potest.*

Si ces deux arguments ne prouvent pas avec évidence que la propriété, en cas de vente sous condition résolutoire, fait retour de plein droit à l'aliénateur à l'arrivée de la condition, ils n'y font du moins aucun obstacle et le texte de Paul (l. 9, *de aqua*) ne peut s'expliquer que par cette solution ; il est en effet impossible de le justifier sous Justinien par la distinction des propriétés civile et prétorienne, puisque cette distinction n'existe plus.

3° Action en résolution rétroactive.

Les Romains ont-ils admis la rétroactivité de la condition résolutoire ?

A. *A l'époque classique,* si on décide que la propriété fait retour de plein droit à l'aliénateur, la question de rétroactivité se pose. Le temps me manque pour développer les diverses considérations invoquées dans les deux sens ; je me bornerai à constater que la loi 9, *de aqua,* est un argument bien puissant en faveur de la rétroactivité : si le vendeur est appelé à donner son consentement à la constitution d'une servitude sur la chose vendue, n'est-ce pas la preuve, qu'à l'arrivée de la condition, il sera considéré comme ayant été propriétaire *pendente conditione* et, par suite, comme ayant pu valablement consentir des droits réels sur la chose.

Pour M. Appleton, au contraire, la question ne peut pas se présenter. De deux choses l'une, en effet : ou le vendeur a cessé d'être propriétaire *pendente conditione,* et alors il n'aura qu'une action personnelle à l'arrivée de la condition ; ou le vendeur est resté propriétaire, et alors il n'est plus besoin de la fiction de rétroactivité pour expliquer que l'acheteur est réputé n'avoir jamais été propriétaire de la chose. La loi 9, *de aqua,* s'explique donc ainsi sans aucune difficulté : le vendeur a pu consentir une servitude, puisqu'il était resté propriétaire.

B. *Justinien* paraît bien avoir admis, du moins entrevu la rétroactivité de la condition. Sous cet empereur en effet, il n'y a plus de distinction entre propriété civile et prétorienne. En cas de vente sous condition résolutoire, l'acheteur devient propriétaire *pendente conditione*. La propriété fait retour au vendeur à l'arrivée de la condition et, si elle ne lui faisait pas retour rétroactivement, comment Justinien a-t-il pu maintenir la décision de Paul, d'après laquelle le vendeur peut être appelé à consentir une servitude *pendente conditione* ? S'il n'y avait que retour réel et non retour rétroactif, tous les droits réels consentis par le vendeur *pendente conditione* seraient considérés, même après l'arrivée de la condition, comme consentis à *non domino* (1) ; l'adhésion, qu'a donnée le vendeur à l'établissement de la servitude *pendente conditione,* ne peut donc avoir pour résultat de la valider.

En résumé, à l'époque classique, le vendeur sous condition résolutoire, quand il a cessé d'être propriétaire *pendente conditione*, n'a qu'une simple action en rétrocession à l'arrivée de la condition. Sous Justinien, au contraire, il est investi d'une action réelle et peut-être même Justinien, au moins à certains égards, est-il allé jusqu'à lui accorder une action rétroactive.

(1) « A non domino » au lieu de « pendente conditione ».

IMP. J. THEVENOT. — SAINT-DIZIER (H^{te}-MARNE)

www.ingramcontent.com/pod-product-compliance
Lightning Source LLC
Chambersburg PA
CBHW060504200326
41520CB00017B/4904